CANAUX

ET

CHEMINS DE FER

PAR

EUGÈNE DELATTRE

Avocat à la Cour impériale de Paris

La guerre ou la concurrence ?

Prix : 1 fr. 50 c.

PARIS

GUILLAUMIN ET Cie, LIBRAIRES-ÉDITEURS,

14, RUE RICHELIEU, 14

1861

CANAUX ET CHEMINS DE FER

Chanoine, imprimeur à Lyon.

CANAUX

ET

CHEMINS DE FER

PAR

EUGÈNE DELATTRE

Avocat à la Cour impériale de Paris

La guerre ou la concurrence ?

Prix : 1 fr. 50 c.

PARIS

GUILLAUMIN ET Cie, LIBRAIRES-ÉDITEURS,

14, RUE RICHELIEU, 14

1861

A ALFRED DELATTRE

AVANT-PROPOS

On s'est demandé pourquoi une législation qui punit les accapareurs accorde tant de faveurs à certains monopoles, — ces grands accapareurs, — et jusqu'où ces arbres privilégiés avaient le droit d'étendre leurs rameaux, en étouffant tout ce qui tente de s'élever et de vivre à l'entour.

La loi fait bien de frapper les accapareurs, car ils entravent la liberté, et tout ce qui porte atteinte à cette source de vie doit être puni.

Le monopole est une violation de cette liberté, mais il est justifié par l'intérêt général. Il constitue une expropriation d'une liberté commerciale ou industrielle pour cause d'utilité publique. Ce principe permet de reconnaître et de fixer ses limites.

Dans la lutte des chemins de fer avec la batellerie, dans la législation qui régit les railways et les canaux, fleuves et rivières, le principe a été parfois oublié. De là, l'étrange situation où l'on se trouve placé aujourd'hui : pour faire vivre l'un, on est obligé de tuer ou d'enchaîner l'autre. De grands intérêts privés ont obtenu ce que défendait l'intérêt public.

Ces spectacles seraient profondément tristes si l'on n'entrevoyait l'ère prochaine des réformes. A côté du développement gigantesque de l'industrie, est née et se développe une école d'esprits robustes, amis des généralisations, tenaces dans leurs principes, travaillant sans relâche contre les vieilles doctrines de l'intérêt étroit et égoïste. C'est surtout en étudiant les tribunaux de commerce que l'on sent vivre et croître cette nouvelle puissance. Sur un grand nombre de questions, quelle activité à remonter aux principes ; à rechercher des arguments dans les raisons primordiales , non-seulement pour bien juger, mais pour profiter de l'occasion d'exprimer énergiquement que rien ne prévaut contre l'égalité et la liberté de l'industrie.

Ces efforts obscurs, opiniâtres, grandissant chaque jour, permettent de fonder de sérieuses espérances. Nous aurons une école, supérieure à celle de Manchester, parce que l'intérêt n'y dominera pas le droit. La Société industrielle de Mulhouse compte déjà parmi les gloires de notre industrie nationale.

Aussi, je ne doute pas que l'industrie, qui réclame l'affranchissement des canaux et la suppression des droits de navigation qui pèsent si lourdement sur le transport des matières premières, ne finisse par obtenir gain de cause.

Ce ne sera pas un des moindres triomphes de l'industrie que d'obtenir un semblable résultat, malgré les efforts des esprits d'autant plus passionnés qu'ils sentent la faiblesse de leur cause intéressée. Battre un ennemi en bataille rangée, c'est bien; mais forcer doucement les gens à raisonner avec justesse et à accepter les choses équitables... est une victoire plus difficile à remporter, plus féconde en résultats. Poursuivons ce but sans relâche. La conquête d'une ou deux libertés nouvelles demande parfois la vie d'une génération entière.

CANAUX

ET

CHEMINS DE FER

I

Toute la batellerie française a dû illuminer et pavoiser ses moindres bateaux en lisant ce programme de l'Empereur : « Amélioration énergiquement poursuivie des voies de navigation, routes, ports..., réduction des droits sur les canaux, et, par suite, abaissement général des frais de transport. » (Lettre du 15 janvier 1860.)

Les chemins de fer n'ont pas partagé l'allégresse des entreprises de transport par eau. L'émancipation des compagnies rivales les a frappés d'une terreur panique. Une brochure bien connue nous les représente comme doutant de leurs richesses, de leur puissance, de leur avenir; effrayés du poids énorme de leurs obligations, tremblant pour leur crédit et prêts à invoquer en désespérés le secours de l'Etat.

Heureusement ces plaintes sont loin d'être unanimes dans le monde des chemins de fer. Le système proposé est celui d'un actionnaire timoré et trop prudent. Il n'est la pensée ni d'un économiste ni d'un homme d'Etat. Or, les compagnies comptent dans leur état-major plusieurs personnes qui méritent ce double titre.

Si les craintes des compagnies sont exagérées, il faut reconnaître néanmoins qu'elles sont fondées à plusieurs égards. Que la joie de leurs adversaires trouble quelque peu leur sommeil, l'histoire d'hier justifie cette émotion.

Cette histoire des rapports des chemins de fer avec les canaux comporte de graves enseignements.

Au commencement d'une ère nouvelle pour les deux puissances rivales, il est utile de résumer avec impartialité leurs griefs réciproques dans le passé. C'est le meilleur moyen d'éviter les mécomptes dans l'avenir.

Les chemins de fer disaient aux canaux, tant en paroles que par leurs actes (locutions plus significatives que les premières) :

« Vous existez depuis le commencement du monde et vous n'avez réalisé que peu d'espérances ; vous n'êtes plus en harmonie avec les destinées nouvelles ; vous êtes impuissants à satisfaire les vœux de

l'industrie moderne ; vous n'avez pour vous ni la cé-
lérité ni la régularité. Un barrage, la crue des eaux,
la sécheresse, les écluses, le chômage, le brouillard...
un rien annule vos forces ou suspend votre activité.
Vous êtes les esclaves des éléments.

« Nous autres, au contraire, nous soumettons la
nature ; nous avons la rapidité de la foudre et la régularité du cœur qui porte la vie à tous les mem-
bres ; nous répandons partout les idées fécondes
d'association et de crédit ; nous sommes la force et
l'orgueil du siècle présent... C'est donc avec raison
que la société nous accorde des concessions, des
subventions, un monopole ; c'est avec raison que
nous travaillons à vous faire disparaître comme un
vieil instrument usé et bon à mettre au rebut... »

Les canaux répondaient avec aigreur :

« La société fait bien de vous protéger, mais c'est
à tort qu'elle nous dédaigne. Elle vous applaudit
avec frénésie et vous gorge de ses richesses. C'est
une effervescence qui s'apaisera. Si vous réalisez un
progrès immense, vous ne pouvez nous remplacer
complétement. A vous les voyageurs, à vous les
marchandises qui exigent des voyages rapides ;
mais à nous les transports à petite vitesse, à nous
les marchandises encombrantes. Notre première loi
à tous deux sur ces matières est le transport à bon
marché. Jamais vous ne pourrez transporter à aussi
bas prix que nous. La meilleure preuve est que, depuis dix ans, vous n'êtes pas parvenus à nous anéan-

tir, malgré vos efforts énergiques. Pourtant l'Etat nous écrase d'impôts. Si vous aviez à supporter les droits de navigation qui pèsent sur nous, vous seriez morts-nés.

« Ainsi que l'écrivait un de nos défenseurs les plus éminents, M. Collignon, en retraçant l'incertitude du gouvernement et des chambres, comment, lorsque l'Etat est assailli de mille doutes sur notre rivalité avec le railway, lorsqu'il est paralysé dans ses projets d'amélioration, comment pouvions-nous songer à de grandes entreprises dans un présent si sombre en face d'un avenir si incertain ? Ce n'est pas tout ! Profitant de votre omnipotence, vous avez franchi les barrières de votre monopole, vous nous avez livré une guerre déloyale ; vous avez tiré sur nous avec des batteries interlopes sorties d'un arsenal de tarifs différentiels, de tarifs de détournements, etc. etc. Nous avons subi de lourdes défaites, mais vous n'avez pas le droit d'en être fiers : nous étions sans armes.

« Vous possédiez la loi, la richesse, l'opinion d'un public enivré. C'était le pot de terre contre le pot de fer, un vrai massacre des Innocents. Pourtant nous renaissons de nos cendres, nous continuons la lutte ; çà et là nous avons même obtenu des avantages. Qu'on nous accorde un peu des faveurs qui vous sont prodiguées, ou qu'on cesse seulement de nous écraser par les droits de navigation, et vous verrez que nous ferons merveille. »

Ailleurs nous avons esquissé ce duel étrange entre

le railway et le canal. De nombreux articles, des brochures fort remarquables, les réclamations des chambres de commerce, les avis des conseils généraux, font connaître en détail cette guerre acharnée. Le public ne pouvait se montrer indifférent et chacun se rangeait dans l'un ou l'autre camp, selon son intérêt.

C'est au beau milieu de ce conflit que paraît le décret d'émancipation des canaux.

Que va-t-il en advenir ?

La guerre va-t-elle continuer ?

Quel est l'intérêt du public dans cette lutte ?

Si la société est intéressée à protéger entre les industries de même nature une active concurrence qui les vivifie, elle doit veiller à ce que la *concurrence* ne dégénère pas en *guerre*.

Dans le langage industriel et d'économie politique, guerre et concurrence sont loin d'être synonymes ou de présenter des analogies. L'un veut dire *ruine* et l'autre *création*.

Ceci est un point qu'il faut bien préciser avant d'étudier les questions posées plus haut.

II

L'article 419 du Code pénal édicte des peines contre la concurrence déloyale. On doit reprocher à cette expression d'être par trop élastique. Où commence la concurrence déloyale ? où finit la concurrence permise ? Appellera-t-on déloyauté ce qui est contraire aux mœurs et aux usages ou à l'équité naturelle ? Qui méconnaît que les mœurs sont parfois ridicules et que beaucoup d'usages sont fondés sur des principes absurdes ? L'équité naturelle est facile à définir en théorie, mais fort difficile à mettre en pratique. Si l'équité naturelle était chose claire et précise, la plupart de nos lois seraient inutiles, car elles ne tendent qu'à faire des applications de l'équité.

D'un autre côté, l'esprit saisit difficilement le vrai sens des mots : concurrence déloyale. Il rapproche volontiers ces termes de ceux employés dans les choses mauvaises et inévitables auxquelles nos mœurs ont tracé quelques règles pour en tempérer les funestes conséquences. Ainsi, par exemple, on dit : Duel déloyal. Or, c'est précisément se faire les plus fausses idées de la concurrence. Loin d'être un mal elle constitue un bien par excellence. Prohiber la concurrence, c'est tarir la source de la vie sociale, c'est empêcher l'éclosion de l'infinie variété du génie de l'homme. Il me souvient que Bichat, dans ses observations sur la prévoyance de la nature dans la multiplicité des divers genres de beauté du visage humain, ajoutait : «Si toutes les têtes étaient fondues dans le même moule, ce moule serait le tombeau de l'amour. » Il est également vrai de dire que si l'on enlevait la concurrence dans l'industrie, on la frapperait d'une rapide consomption. Le monopole serait le tombeau du progrès.

J'aimerais une constitution qui proclamerait hautement comme principe fondamental la nécessité de la concurrence et assignerait à la justice le devoir de la maintenir, de la protéger au besoin dans toutes les branches de l'industrie, des sciences et des arts.

La proclamation de cette vérité serait d'autant plus utile que l'idée en a été plus faussée. Nous en sommes encore à ce point ignorant des lois sociales qu'il n'est pas rare d'entendre dire : un tel est mon concurrent ! du même ton que l'on dirait : un tel est mon ennemi ! Aussi dans certains cerveaux, guerre et concurrence sont synonymes. Comme si la guerre, même la plus glorieuse, n'était pas toujours un fléau ! Comme si les avantages qu'elle procure, n'étaient pas précédés d'immenses désastres ! Comme si elle pouvait être juste dans les deux camps à la fois !

Donnons donc à chaque mot sa signification. Concurrence, rayonnement de toutes les aptitudes, génie du travail, ennemi du sommeil. « La nature, disait Humboldt, semble avoir attaché au repos comme une malédiction. »

Quant à la guerre, hélas ! guerre sur les champs de bataille, guerre dans l'industrie, guerre dans les hautes et basses régions, guerre dans la cité, guerre dans la famille..., elle porte toujours les mêmes caractères sataniques : Haine et ruines amoncelées autour d'elle.

Il n'en est pas ainsi même dans l'industrie des transports par chemin de fer et par eau, que dans toutes les industries.

Là aussi, la guerre est une source de ruines entre deux commerçants, comme entre deux nations.

La concurrence est la source la plus vivace de l'activité et de la fécondité du commerce et de l'industrie.

La guerre est une lutte où l'un des adversaires se propose, comme but principal, la mort ou la ruine de l'autre, et ne craint pas, lorsqu'il est brave, de s'exposer aux mêmes dangers pour remporter la victoire et exercer ensuite un monopole.

En guerre, pour être certain d'arriver au but avant son voisin, on s'efforce de lui casser les jambes en passant.

La concurrence est le champ du progrès où le travail et le talent s'efforcent d'arriver à une perfection et une économie qui augmentent le bien général. Le vainqueur fait participer les vaincus aux fruits de sa victoire.

On ne fait la guerre qu'avec l'espérance qu'elle se terminera promptement par l'anéantissement de l'adversaire. Le vainqueur augmente sa puissance en s'emparant des dépouilles du vaincu. Il ne crée rien. Il ne fait que s'enrichir par la ruine de l'autre.

La concurrence a pour but une supériorité que le vainqueur acquiert, non par la ruine d'autrui, mais par son travail et son propre génie, permettant à son adversaire, laissé en arrière, de le rejoindre en suivant la même route et en déployant les mêmes forces, l'y invitant même pour tenter une nouvelle lutte et conquérir une nouvelle palme.

La guerre, fille du monopole, du privilége, du despotisme sous quelque nom qu'il se déguise, ne peut engendrer qu'un progrès essentiellement limité. Le génie s'endort dès qu'il n'a plus de rivaux.

La concurrence, fille de la liberté, est la mère féconde du progrès indéfini.

La société a donc un intérêt capital à activer la concurrence et à empêcher la guerre, car c'est sur elle que retomberont les frais de la campagne.

III

Or donc, la guerre de dix ans que les chemins de fer viennent de livrer aux canaux va-t-elle disparaître avec l'émancipation de ces derniers, ou, au contraire, se ranimera-t-elle avec des chances nouvelles pour la batellerie et moindres pour les chemins de fer ?

Je n'entrevois à regret aucun motif de paix si la législation qui gouverne ces deux industries n'est profondément modifiée.

Les compagnies ont créé à grands frais un énorme matériel. Elles ne pourront se résoudre à le voir se rouiller en partie dans leurs ateliers. Un canal collatéral d'une voie ferrée sera toujours pour celle-ci

un sujet d'effroi, d'autant plus sérieux que la batellerie, un peu plus libre, redoublera d'efforts pour
prendre sa revanche. Ce sera donc la guerre par les
tarifs interlopes qu'on ressuscitera sous diverses dé-
nominations ; par des achats de bateaux qu'on
laissera pourrir dans une anse ; la guerre d'influence
dans les hautes régions ; les coups de Bourse... et
ce qui pis est, c'est que les chemins de fer pourront
dire que c'est une loi fatale de leur existence. Je
n'ose les contredire. Il est malheureusement certain
que l'organisation actuelle des chemins de fer est
telle qu'ils doivent nécessairement travailler, sans
relâche, à dévorer tout mode de transport rival et
principalement les canaux.

Cette faculté absorbante est-elle inhérente à leur
nature ? Non. Elle provient de deux fautes : la première, de la loi ; la seconde, des chemins de fer eux-
mêmes.

Notre législation a eu le premier tort. En concé-
dant un monopole aux compagnies, elle les a privées
du droit commun : « Vous êtes Chemin de fer, vous
ne pouvez être ni bateliers ni rouliers. Vous ne pourrez franchir les limites de vos barrières. » Le législateur a redouté l'esprit envahissant du monopole.
C'était, en effet, un vice à craindre. Mais il ne fallait
pas pour cela avoir peur. Il eût été plus sage de
prendre seulement des précautions.

Placé dans cette situation, un chemin de fer, qui
côtoie un fleuve ou un canal dont la navigation lui

est interdite, doit naturellement les détester, et sa haine s'accroître s'il constate sa propre impuissance à lutter de bon marché pour les transports à petite vitesse. Il fera alors des efforts inouïs pour transporter des marchandises qui par leur nature devraient rationnellement voyager par eau.

Si la loi avait autorisé les compagnies de chemins de fer à posséder des bateaux-transports, il est certain que la batellerie aurait pris un développement plus considérable. Il y aurait eu véritable concurrence avec tous ses bienfaits. Nous verrons plus loin que le danger d'accaparement aurait pu être évité par une bonne loi, des règlements sévères et un paragraphe additionnel ou explicatif de l'article 419 du Code pénal.

Les chemins de fer ont à se reprocher la seconde faute.

Pour ceux qui ont étudié ces compagnies, il paraît, au premier abord, assez singulier qu'elles n'aient pas tenté d'étendre leur domaine et sollicité le droit de transporter par terre ou par eau. A une époque qui n'est pas très-éloignée, elles jouissaient d'une faveur presque sans bornes dans les sphères supérieures et devaient peu redouter un échec. Mieux que personne., elles auraient pu faire prévaloir cette maxime d'économie politique : que les canaux doivent être de grandes routes affranchies de tout péage, sur lesquels tout individu peut voyager et faire commerce à sa guise ; que la concession d'un chemin de fer ne devait pas impliquer la prohibition de faire transporter certaines marchandises par une voie moins coûteuse; que le monopole d'une voie de fer ne devait pas entraîner la prohibition de créer une flottille qui alimentât le réseau ou vînt à son aide pour la petite vitesse ou les marchandises encombrantes!

Plusieurs réponses se présentent à cette question :

La position précaire et l'imperfection des canaux aurait exigé des secours et des travaux peut-être trop considérables pour les compagnies. En outre, aucune d'elles ne soupçonnait l'ère prochaine d'affranchissement qui allait s'ouvrir pour la navigation intérieure, et la nécessité dans laquelle se trouverait placé l'Etat de lui donner une vive impulsion le jour où il voudrait arborer, sans danger, le drapeau du libre échange, l'entrée en franchise des matières premières.

C'est là un des reproches les plus sensibles que les compagnies doivent s'adresser. A une époque où tout marche avec précipitation, c'est une faute grave que de ne pas prévoir et deviner des réformes fatales. C'est sagesse d'aller même un peu au-devant. Or, les réformes d'aujourd'hui n'avaient été ni souhaitées ni entrevues par les compagnies. Les administrations de chemins de fer ont, je le reconnais volontiers, l'intelligence du passé et la conception du présent, mais il leur manque l'intuition de l'avenir. Elles ont calculé avec exactitude le poids, la mesure, la quantité de tout ce qui voyage en France ; elles ont basé sur ces chiffres leurs constructions et leur organisation. Voyez leurs anciennes gares suffisantes pendant bien peu de temps. Chaque année appelle la création de nouvelles annexes.

Partant de là, elles ont toujours pensé que les chemins de fer suffiraient à tous les transports. Des esprits distingués traitent même encore de chimériques les développements grandioses de notre industrie que prépare l'avenir et que conçoit sûrement l'observateur studieux. Aux yeux des compagnies, la navigation fluviale était donc destinée à périr. Elle formait un obstacle à la pleine extension de la voie ferrée. La prudence commandait même d'avancer l'heure de son trépas.

A côté de ce défaut d'intuition de l'avenir, qui est quelquefois celui des grands hommes, et qui fut entre autres celui de Napoléon Ier sur les bateaux à vapeur, se place une maladie générale à notre époque. Les compagnies n'ont pu se soustraire à ses ravages. Je veux parler de la *légiphobie*. Tout le monde est atteint d'une antipathie profonde pour l'étude des droits et des devoirs qui sont dans nos codes. La seule loi est l'intérêt, l'unique sanction s'appelle succès.

Ne connaissant pas bien ce qu'on est, il est difficile de savoir ce qu'on doit être. Les compagnies (administrateurs, directeurs, inspecteurs) se sont crues uniquement commerçants, entrepreneurs de transport privilégiés. Dès lors, le seul but à atteindre était le dividende, le seul intérêt à protéger celui de l'actionnaire. Un monopole implique, impose des devoirs particuliers. Celui des chemins de fer est fondé sur l'expropriation d'une liberté commerciale pour *cause d'utilité publique*. La conclusion rigoureuse est qu'une mesure quelconque n'est pas légitimée par le seul intérêt des actionnaires. Quand elle nuit à l'intérêt général, à l'utilité publique, les compagnies oublient leur mission et violent leur contrat.

Dans la lutte déplorable des chemins de fer contre les canaux s'est-on souvenu de ces principes ?... Oui, une fois ! Un administrateur m'a raconté qu'un jour, dans le conseil, il les avait rappelés, et.......... avait provoqué une hilarité générale.

Il est plus difficile de fonder des croyances que de bâtir des villes ! Que de milliers de personnes s'imaginent être employés de chemins de fer aux mêmes titres que d'autres sont employés de magasins. Ils ignorent qu'ils sont employés vis-à-vis des actionnaires, et fonctionnaires vis-à-vis de la société qui ne les reconnaît qu'à titre d'agent d'utilité publique.

Dans un semblable courant de sentiments faussés, d'idées à courte vue, de préjugés étroits, vieil héritage qu'une génération ne répudie jamais entièrement, il n'était plus possible de s'appliquer impartialement à combattre un mal que nul ne voulait examiner sans passion, et de trouver un remède que l'on ne cherchait pas. Chacun des antagonistes jurait que son seul moyen de salut était dans la mort de son adversaire. Or voici que la voix du maître leur crie : « Vous vivrez tous deux. Tous deux croissez et multipliez ! »

Force est donc maintenant de faire la paix, de se recueillir et de chercher les moyens de vivre sans ferrailler.

Où trouver ce moyen ?

Sont-ils, § 1er, dans la création de principes d'activité et de sources de richesses différents et indépendants, c'est-à-dire dans l'attribution du transport exclusif de telles natures de marchandises au railway, et de telles autres au canal ?

§ 2. Ou dans la fusion des intérêts contraires ?

§ 3. Ou dans le *statu quo* avec simple abaissement des droits de navigation.

§ 4. Ou dans la liberté d'une concurrence organisée, qui ne puisse dégénérer en guerre.

IV

1er SYSTÈME. — *Classification des marchandises que le chemin de fer pourra transporter à l'exclusion du canal, et réciproquement.*

Ce premier moyen ne doit être rappelé que pour mémoire. Il a pu être émis sérieusement par quelques théoriciens, mais théorie et pratique sont sou-

vent deux sœurs ennemies. Des difficultés sans nombre, des volumes de règlements, des exceptions sans
fin, des milliers de procès, des entraves incessantes
seraient les tristes suites de ce système. Il ne pour-
rait être accueilli que par le communisme. Un obstacle des plus sérieux viendrait, en outre, ajourner
même les projets d'étude. Les chemins de fer pos-
sèdent un contrat de concession aussi respectable
que tous les contrats. Restreindre leur liberté dans
les transports en serait une violation manifeste. Il
faudrait donc procéder à une sorte d'expropriation.
Où puiser les milliards qu'ils seraient en droit de ré-
clamer à titre d'indemnité ?

Une raison plus élevée condamne ce système. Il
tendrait à créer un second monopole pour la batellerie. Or, un monopole n'est justifiable que par un
intérêt public imminent. Voyons si ce grand principe ne repousse pas également l'adoption du second système : la fusion des intérêts du railway et
du canal, par la concession du canal faite à la compagnie du chemin de fer.

V

2ᵉ SYSTÈME. — *Fusion des intérêts contraires.*

Réunir, dans une même concession, un canal et
un chemin de fer, n'est plus dans la théorie. Tout le
monde sait que la compagnie du Midi a le fermage

du canal collatéral de la Garonne. Jugeons l'arbre par ses fruits. De nombreuses plaintes s'élèvent de toutes parts. Plusieurs journaux, notamment des journaux dits officieux, se récrient contre ce malencontreux mariage. Ils accusent hautement la compagnie de prendre force mesures pour attirer toutes les marchandises sur le chemin de fer au détriment du canal. Il n'est pas difficile de deviner que si le transport par le chemin de fer rapporte plus à la compagnie que le prix du péage sur le canal, le railway sera toujours favorisé au détriment de ce dernier. On ne laissera guère au pauvre déshérité que les produits par trop encombrants.

D'ailleurs, quelle est la nature de la concurrence qui peut exister entre le canal affermé à une compagnie de chemin de fer, et ce chemin de fer lui-même? Comment ne s'est-on pas aperçu que c'était créer une concurrence dérisoire, celle du maître avec le contre-maître, du patron avec l'ouvrier, du potentat avec son sujet!

Une compagnie développera-t-elle le canal, fera-t-elle des efforts incessants pour accroître sa circulation et sa richesse? Ses projets d'amélioration seront toujours paralysés par la crainte de nuire au railway ou de perdre d'un côté ce qu'elle gagnerait de l'autre. A moins d'être héroïque et de ne se laisser guider que par l'intérêt général du pays, une semblable administration tournera ses efforts vers le chemin de fer. Cependant, en économie politique, il ne faut pas compter sur les vertus héroïques. Les seuls principes sont *droits* et *devoirs*.

Tant que l'homme sera homme, c'est-à-dire plus facile à mouvoir par intérêt que par vertu, la réunion du canal avec le railway sera chose mauvaise. Elle ne contient aucun germe de progrès. Elle laisse bien peu à espérer et beaucoup à craindre. Leurs conditions d'existence et de développement seront toujours, non pas contraires, mais différentes. Les chemins de fer peuvent compter sur un profit bien plus immédiat que le canal. Ils vivent principalement par leur tête, par ce grand commerce actif. Le canal vit par tous ses ports. Il récolte le long de sa route les moissons qu'il a semées patiemment.

VI

3ᵉ SYSTÈME. — *Maintien de l'état de choses actuel, avec simple abaissement des droits de navigation.*

Il vient d'être consacré par un récent décret du 23 août 1860. Le rachat des canaux par l'État avait fait naître d'autres espérances. Si nous en croyons les journaux, et, entre autres, la *Patrie*, dans un brillant article du 27 août, l'opinion publique comptait sur une liberté absolue, sans péage ni tarifs, — entraves dont elle ne veut plus. D'après ce même journal, ce décret n'est pas né viable dans l'état de nos aspirations nouvelles.

Nous ne pouvons entrer dans les détails de ce décret. Nous rappellerons seulement qu'il semble en contradiction avec la loi qui laisse entrer en franchise les matières premières. Le canal n'est-il pas essentiellement la voie que prennent ces matières ? Le transport entre pour une part si considérable dans le prix de la matière, qu'il doit être considéré comme matière première lui-même. Comment le frapper d'un impôt dans l'intérieur dès qu'on lui ouvre les ports de mer en franchise ?

Nous mentionnerons aussi l'oubli du principe d'égalité si invétéré dans nos mœurs. Les taxes varient, selon les canaux, quelquefois de cent pour cent et plus. Les classifications sont différentes : ici on compte deux classes de marchandises, ailleurs trois, quatre, cinq !

Le plus triste et le plus désolant, est que le décret laisse se perpétuer l'état de guerre entre les canaux et les chemins de fer.

Pourquoi donc, à de si vives espérances, un si cruel mécompte ? Tout le monde répondra bien vite : « La cause, ou mieux le coupable, c'est le chemin de fer ! »

Pourquoi des différences effrayantes de 200 p. % entre des canaux d'un même pays ?

Influence de telles lignes de chemin de fer !

Pourquoi, au mépris des principes d'égalité, des classifications si diverses ?

Toujours le chemin de fer !

Ce sentiment est si général que le journal cité tout à l'heure réclame, comme premier remède (bien anodin selon nous), la division de la direction des chemins de fer et de celle des canaux. Ces directions restant placées dans les mêmes mains, la puissance des grandes compagnies fait, dit-il, avorter le progrès.

Oui, vraiment ! le coupable s'appelle Chemin de fer ! Et, comme je l'ai déjà dit, je n'ose le blâmer quand j'examine ses conditions d'existence légale. Il défend sa vie. Si l'on pouvait interroger la conscience de ses administrateurs, je suis certain qu'elle répondrait : « Je sais bien que la liberté des canaux est très-désirable pour l'industrie française ; je sais qu'elle déculperait ses forces, qu'elle donnerait une vie inconnue à notre agriculture... d'accord ! Mais... nous serions ruinés, à moins de révolution dans notre mode d'existence... et nous sommes trop puissants et trop sensés... pour nous laisser ruiner. »

Dans un excellent article du *Dictionnaire d'Economie politique*, M. Michel Chevalier désespère de voir jamais la suppression des péages sur les canaux tant que les chemins de fer appartiendront à l'industrie privée. S'est-il trompé ? Je le désire ainsi que lui-même peut-être. Nous chercherons tout à l'heure à résoudre ce problème.

L'autorité du célèbre économiste a dû peser sur les nouvelles décisions. Il est bon de connaître toute sa pensée. Voici un extrait de son article :

«.... Ce serait une autre question économique à examiner que celle de la circulation libre et sans péage sur les canaux. Ce système suppose que les chemins de fer appartiennent à l'Etat. Quand, de longue date, beaucoup de canaux sont la propriété de l'Etat, et qu'il ne s'agit pas d'en creuser de nouveaux, cette franchise absolue peut se soutenir dans certaines circonstances. Chez nous, par exemple, où les routes sont d'un usage gratuit, il serait moins malaisé de la motiver qu'ailleurs, tandis qu'en Angleterre, où il est de règle que chacun paie le service qu'il reçoit, et notamment l'usage qu'il fait des voies de transport, la proposition d'ouvrir des canaux pour les livrer, sans droit de péage, à la circulation, paraîtrait monstrueuse.

« En thèse générale, si l'on envisage un Etat qui ait à établir ou à compléter son système de canalisation, la question se présente sous un aspect peu favorable à la franchise du parcours. Il est clair que les localités feraient tout dans ce cas pour contraindre le gouvernement à leur donner des canaux gratuits, et qu'il en résulterait des difficultés entre elles et l'autorité centrale. Tout au moins faudrait-il que les localités ou les départements qui devraient être traversés eussent, en pareil cas, à supporter une bonne partie de la dépense.

« La gratuité de la circulation sur les canaux serait pareillement un obstacle à l'exécution des chemins de fer par l'industrie privée, car elle leur susciterait une concurrence à armes inégales. Si donc dans un pays où l'Etat possède des canaux, il est posé en principe que l'on s'adressera à l'industrie privée pour l'exécution des chemins de fer, la suppression des péages sur les canaux y est par cela même impossible. »

Ainsi, l'éminent économiste soutient que la question de gratuité du parcours des canaux est très-soutenable à condition que la plupart des canaux appartiendront à l'Etat.

Or, aujourd'hui, en France, cette condition est remplie.

Mais il signale en même temps deux difficultés insurmontables à ses yeux.

Les demandes multiples de canaux gratuits, de la part des localités, susciteraient, dit-il, des embarras à l'autorité centrale.

Je cherche en vain pourquoi l'on n'appliquerait pas aux canaux notre législation sur les routes ? Il existe des routes impériales, départementales, cantonales, communales. Les dépenses sont supportées différemment selon que la route est d'une utilité générale, ou départementale, ou communale. Principe excellent qui serait aussi fécond pour les canaux qu'il l'est pour les routes.

M. Michel Chevalier dit avec justesse qu'en Angleterre, où les routes comme les canaux sont payés par ceux qui s'en servent, la proposition de gratuité des canaux paraîtrait monstrueuse. L'observation est très-exacte. Mais en suivant le même raisonnement, nous disons: en France, où la gratuité des routes est un principe, la non-gratuité des canaux est mon-strueuse.

On peut discuter la valeur des principes différents des deux pays et contester la supériorité de l'un sur l'autre. Mais, dans tous les deux, le canal et la route doivent suivre la même loi. L'inégalité est aussi choquante en France qu'elle le serait en Angleterre.

Les chemins de fer sont le second obstacle signalé. Ils ne pourraient lutter avec les canaux qu'à armes inégales! c'est le point qui fait l'objet de notre chapitre VII.

En résumé, le troisième système, à peine né, est condamné par l'opinion générale, et sa prochaine transformation réclamée avec instance.

D'autre part, les économistes le justifient par la nécessité de sauver les chemins de fer d'une ruine certaine.

Le chemin de fer est déclaré par tous l'ennemi mortel de la liberté absolue du parcours des canaux.

Le décret du 23 août ne protége pas une concurrence impossible entre deux choses si distinctes, il maintient l'état de guerre. Il procure seulement quelques soulagements et ravitaille le parti le plus faible, le canal.

Peut-être le quatrième système nous fournira-t-il les moyens de sortir de cette étrange situation si contraire aux principes et à l'intérêt public.

******

VII

4° SYSTÈME. — *Liberté d'une concurrence qui ne puisse dégénérer en guerre. — Liberté absolue des canaux, pour les compagnies de chemins de fer, comme pour tout le monde.*

Ce système nous paraît le seul admissible. Les difficultés qu'il soulève sont faciles à résoudre.

Nous avons démontré surabondamment que le canal, étant la première voie de circulation, puisqu'elle est la moins coûteuse, doit être ouvert à tous.

La nécessité d'apporter un prompt remède à l'état d'infériorité de la France en fait de canaux n'est pas contestée (1).

Loin d'être entravée par des tarifs, la navigation intérieure aurait plutôt droit à des subventions. Qu'on lui donne à ce titre la liberté, l'absence de tous tarifs. Elle possède assez d'éléments de vitalité pour prendre un immense développement avec ces seuls moyens.

Voyons maintenant les doléances des chemins de fer : « Vous prononcez ma mort, disent-ils. La meilleure partie de nos revenus qui se compose des

(1) En France on compte 125 kilom. de canaux par chaque million d'habitants, en Angleterre 200 ! Le libre échange appelle ces deux pays à lutter à armes égales.

Il faut nous hâter d'être en mesure.

transports par petite vitesse va se noyer dans le canal ! »

Erreur et plaintes superflues ! Le pays veut la concurrence. Or, qui dit concurrence dit lutte de deux forces de même nature, mais le canal et le railway sont de natures toutes différentes. La concurrence entre eux était radicalement impossible. C'est pour cela qu'ils se sont livré la guerre. La concurrence de bateaux ne peut exister qu'entre bateliers. Que les chemins de fer demandent à l'État de jouir de la liberté du droit commun, c'est-à-dire d'avoir des bateaux comme tout le monde. Il est reconnu qu'on peut transporter par eau à un centime la tonne, tandis que le chemin de fer ne le peut qu'à 3 ou 4 centimes. Qu'ils transportent à 1 centime sur leurs bateaux. Ils pourront prospérer, puisque les autres vivent bien, car ils auront encore sur leurs concurrents l'immense avantage d'avoir un crédit sans bornes, une organisation toute faite.

Leur matériel de la petite vitesse, que va-t-il devenir ? Ils auront encore cette bonne fortune de n'être pas contraints d'en mettre au rebut une partie. Comme ils élargissent chaque jour leur réseau, ils auront un matériel tout créé. S'ils puisent moins de richesses dans la petite vitesse, ils reporteront leur génie sur la grande qui est si loin d'être arrivée à son dernier degré de perfection et de développement.

Enfin, ils regagneront comme bateliers ce qu'ils perdront comme transport par chemin de fer, sur lequel la prospérité générale rejaillira sans cesse. Il ne faut pas oublier que la majeure partie des matières premières, arrivant par le canal, se déversent, fabriquées sous mille formes, sur les chemins de fer en articles de messageries.

La liberté de transporter des marchandises par eau, accordée aux compagnies, provoquera les discussions les plus animées. Les compagnies paieront chèrement peut-être le trop grand amour du silence qu'elles professent depuis si longtemps. Des épithètes lourdes seront à peine épargnées. On évoquera des souvenirs de digestion difficile... Mais le bilan de la moralité des compagnies une fois exposé, restera à résoudre les difficultés actuelles et à sauvegarder trois intérêts majeurs : 1° l'intérêt du public, de l'industrie, du commerce et de l'agriculture; 2° celui des compagnies de chemin de fer; 3° celui de la batellerie actuelle et future.

L'intérêt du public est dans le développement de la navigation intérieure. Il sera toujours satisfait de voir naître de puissantes compagnies dont la rivalité fera abaisser le prix de transport, régulariser et accélérer les voyages.

Les compagnies de chemins de fer, apportant sur le canal richesse et crédit, ne peuvent être mal vues de lui. Comment ne pas espérer que le génie de leurs chefs de traction ne transformera pas la voie de halage en chemin de fer opérant la traction à de grands bénéfices? Enfin, c'est le seul moyen de terminer cette guerre de funeste mémoire, dont lui, public, soldait en définitive tous les frais. C'est le seul moyen de voir la réalisation de tous les projets de canaux auxquels jusqu'ici les généraux des chemins de fer avaient mis leur veto... d'influence.

La seule crainte légitime sera de voir le concurrent parfait d'aujourd'hui se transformer demain en maître, et imposer des tarifs supérieurs. Cette crainte s'évanouira si le législateur veut conjurer le danger en complétant l'art. 419 du Code pénal dont nous parlons plus loin.

La franchise des canaux une fois proclamée, l'intérêt des compagnies de chemins de fer à transporter par eau les marchandises à petite vitesse n'a pas besoin d'être démontré, puisque le transport par eau peut descendre jusqu'à un centime la tonne, au lieu de trois centimes par le railway.

Quant à l'intérêt de la batellerie actuelle, il n'est certainement pas de voir la locomotion se transformer en paquebot. Elle demandera protection contre le monstre dévorant du monopole. Réclamation équitable au premier chef! Le législateur doit protéger énergiquement la liberté de navigation contre des gens qui portent écrit *monopole* à l'envers de leur blason.

Il faut accorder protection sans prononcer l'exclusion des compagnies de chemins de fer. Il ne faut pas méconnaître, pour être impartial, que la batellerie a besoin de stimulants. Hier encore, un économiste dont le libéralisme ne peut être mis en suspicion, M. Leymarie, la déclarait l'industrie la plus paresseuse des temps modernes. Ce reproche nous semble exagéré. La somnolence de la batellerie tenait surtout à l'état inénarrable de notre canalisation et aux droits exorbitants qui pesaient sur elle. Elle doit se relever avec la seule liberté. La société étant intéressée à développer partout et toujours la concurrence, elle doit profiter, pour faire prendre l'essor à notre navigation, de l'activité et de l'ambition des grandes compagnies. Permettre à celles-ci de venir, sur les canaux, prendre part à la lutte, à la concurrence générale, est chose désirable, pourvu, toutefois, que l'on empêche la concurrence de dégénérer en guerre.

Les moyens qui apparaissent les plus propres à conjurer ce danger sont de deux sortes :

Le premier consisterait à empêcher les compagnies de relever leurs tarifs pendant une période notable — 10 ans par exemple. — La concurrence fera bien vite fixer les cours. Le public ira aux concurrents les plus renommés pour leurs soins, leur activité, leur obligeance. Que de vertus fait naître la concurrence !

Le second serait dans un § additionnel de l'article 419 du Code pénal. Cet article condamne à un emprisonnement d'un mois à un an et à une amende de 500 francs à 10,000 fr. « ceux qui par réunion ou coalition, par des voies ou moyens frauduleux quelconques, auront opéré la hausse ou la baisse du prix des marchandises au-dessus ou au-dessous des prix qu'aurait déterminés la concurrence naturelle et libre du commerce ».

Peu d'articles sont aussi journellement applicables et néanmoins peu appliqués. La raison vient des difficultés à fournir la preuve de la fraude.

Pour la batellerie, il serait nécessaire de punir toute compagnie qui transporte à des prix désastreux pour elle-même et qui a pour but la ruine de son concurrent. C'est une guerre. Elle ne peut être tolérée.

Qu'on se garde de penser que j'émets un principe contraire à la liberté. Sans doute il est permis à tout homme de faire des folies et aux compagnies de se ruiner. Nul n'a le droit de contraindre son voisin à être heureux et à pratiquer la sagesse ; mais cet abus de la liberté ne doit être toléré qu'autant qu'il n'atteint pas la liberté d'autrui. J'ai toujours le droit d'empêcher mon voisin de brûler sa maison si sa ruine peut entraîner la mienne.

L'article 419 devrait contenir une clause spéciale punissant sévèrement tout transport effectué à des prix ruineux pour la compagnie elle-même. Peut-être serait-il sage aussi d'énumérer les principaux moyens de guerre en usage dans cette sorte de commerce, et de les frapper de peines proportionnelles au degré de perversité qu'ils témoignent.

La multiplicité des ressources nouvelles de cette industrie rendront difficile peut-être, mais nullement

impossible la perfection de la loi réglant la pratique
du principe fondamental : protéger la concurrence,
punir toute tentative de guerre. Les leçons de l'expé-
rience permettront en peu d'années d'atteindre ce but.

En résumé :

Le chemin de fer, grande route des voyageurs et
des messageries, locomotion du luxe, artère de la
vie intellectuelle politique et sociale, loin de nuire
au canal, doit lui prêter son concours. Bien plus, il
ne peut lui causer de préjudice sans se nuire à lui-
même, car le chemin de fer n'enrichit pas la con-
trée pauvre, il augmente la richesse de celle qui est
déjà dans la prospérité.

Le canal apporte la première aisance avec les matières premières du travail. Il est aux divers modes
de transport ce que le pain est aux autres aliments.
On l'a appelé avec justice la mère nourricière de
l'agriculture et de l'industrie. Il les nourrit et les
élève à peu de frais. Les enfants devenus forts et
grands laissent leur mère et courent à toute vapeur
sur les fougueuses machines du railway. Tel est l'or-
dre naturel des choses.

Dès lors, protection incessante au canal, liberté la
plus large, plus de taxe, plus de droits de navigation ! Décider autrement, c'est faire heurter le progrès contre la force sans raison. Une nation émanci-
pée ne permet pas longtemps que la force puisse
empêcher le progrès de passer.

Chanoine, imprimeur à Lyon.

www.ingramcontent.com/pod-product-compliance
Lightning Source LLC
LaVergne TN
LVHW050114060726
842524LV00003B/1112